Inhalt

Fernsehen trifft Internet - Was bedeutet das für die Werbungtreibenden?

Kernthesen

Beitrag

Fallbeispiele

Zahlen und Fakten

Weiterführende Literatur

Impressum

Fernsehen trifft Internet - Was bedeutet das für die Werbungtreibenden?

Anja Schneider

Kernthesen

- Die Fernsehsender profitieren bei der Vermarktung nach wie vor von ihrer großen Stärke, nämlich der Reichweite, stellen sich aber bereits auf niedrigere Wachstumsraten des Fernsehwerbegeschäfts zugunsten Online-Werbung ein.
- Fernsehen und Internet wachsen immer mehr zusammen, gleichzeitig nimmt die parallele Nutzung multipler Bildschirme zu.
- Die Vermarkter reagieren auf das Nutzerverhalten des jungen

Fernsehpublikums und bieten ihren Werbekunden maßgeschneiderte Angebote.
- Im Trend liegt die Verbindung von Fernsehen und Social Media vor dem Hintergrund, die Reichweite der Werbung zu erhöhen, die Werbemöglichkeiten zu optimieren und interaktiven Kontakt mit der Zielgruppe zu ermöglichen.

Beitrag

Fernsehen und Internet wachsen immer mehr zusammen

Das Fernsehen belegt bei den Medien nach wie vor eindeutig den Spitzenplatz in der Aufmerksamkeit der Deutschen. Zwei bis drei Stunden am Tag sitzt selbst die junge Generation vor dem Fernsehbildschirm, - wenngleich mit ihr Internet und Videogames an Bedeutung gewinnen. Die ältere Generation schaut sogar noch länger. Aufgrund der hohen Reichweite des Mediums Fernsehen ist nachvollziehbar, dass Werbungtreibende über TV-Werbespots die meisten potenziellen Kunden erreichen und daher immer noch kräftig investieren. (1)

Allerdings zeichnet sich ab, dass die Medien

Fernsehen und Internet immer mehr verschmelzen. Die modernen Fernsehgeräte sind internetfähig. Auf den TV-Bildschirm zu schauen und parallel einen Second Screen oder sogar Third Screen - sei es in Form von PC, Laptop, Tablet oder Smartphone - zu nutzen, wird zunehmend normal. Der sogenannte "Fight for eyeballs" der Geräte ist in vollem Gange. Die medienaffine Welt spricht über Smart TV, Hybrid TV, Web TV, Social TV, nicht-linearem, also zeitversetztem Fernsehen, Fernseh-Apps, IPTV und HbbTV. Noch herrscht Begriffsvielfalt ohne etablierte Definitionen, ohne eindeutige Standards. Die Marktlage ist unübersichtlich - typisch für einen jungen Markt voller Dynamik. Auf lange Sicht gehen die Marktforscher aber davon aus, dass das Internet auch die Fernsehnutzungsmuster merklich verändern wird, mit entsprechenden Folgen für die Verteilung der Werbebudgets. Doch noch decken sich Vision und Realität nicht. Zwar stehen immer mehr internetfähige Fernsehgeräte in den Wohnzimmern der Deutschen, - im vergangenen Jahr dürften von den erwarteten 10,4 Millionen verkauften Fernsehgeräten über die Hälfte (5,7 Millionen) Smart TVs mit Internetanschluss sein - , doch laut Bitkom waren vor einem Jahr nur 30 Prozent der internetfähigen Fernsehgeräte überhaupt ans Internet angeschlossen. (2), (3), (4)

Wie verändert sich das Fernsehverhalten?

Werbung ist für das Fernsehen eine wichtige Einnahmequelle, insbesondere für die privaten Sender. Diese erzielten im vergangenen Jahr knapp 53 Prozent ihrer Einnahmen mit Werbung. ProSiebenSat.1 und RTL vermarkten im deutschen Fernsehen zusammen rund achtzig Prozent der geschalteten Werbeetats. Die großen etablierten Sender - und zwar sowohl die öffentlich-rechtlichen ARD und ZDF als auch die führenden privaten RTL, Pro Sieben und Sat.1 - haben im vergangenen Jahr Zuschauer verloren, wenn man die großen Sportereignisse Euro 2012 und Olympiade herausrechnet. Was steckt dahinter? Wohin wanderten die Zuschauer ab?

Erstens Fragmentierung: Die Zuschauerzahlen verteilen sich stärker auf ein größeres Angebot von TV-Sendern. Nischensender, die ganz bestimmte Zielgruppen ansprechen, sind auf dem Vormarsch. Beispielsweise hat ProSiebenSat1 inzwischen neue Kanäle wie Sixx und seit Januar 2013 Sat1 Gold im Portfolio, die beide Frauen als Zielgruppe haben.

Zweitens Digitalisierung: Mittlerweile sehen fast 72 Prozent der Haushalte digital fern und können somit aus einem viel reichhaltigeren Senderangebot auswählen. Das digitale Kabel zählt im Schnitt 93 Programme, digitaler Satellit 117.

Drittens zeitversetztes Fernsehen: Auf dem Smart-TV, Tablet oder Smartphone können die Zuschauer verpasste Sendungen beispielsweise via RTL now, Vox now oder Maxdome (Catch-up-Services) bis zu einer Woche nach Ausstrahlung nachholen oder besser "nachschauen".

Viertens Fernsehen im Internet: Die klassischen Fernsehsender haben durch das Fernsehen im Internet neue Konkurrenz erhalten. Vorwiegend das junge Publikum schaut Fernsehen via YouTube und nutzt die Angebote der deutschen Internet-TV-Sender wie beispielsweise Mediakraft. IPTV, also Fernsehen übers Internet als Übertragungsweg, kommt immer stärker ins Spiel und wächst mit hohem Tempo, so die Arbeitsgemeinschaft Fernsehforschung (AGF). Die Fernsehsender haben hier noch Aufholbedarf. RTL Nitro als Fernsehen für Helden beispielsweise startete im April 2012 und ist unter anderem über die IP-TV-Netze von T-Home Entertain und Vodafone TV empfangbar. Zunehmender Gunst erfreut sich der Männersender Dmax. (5)

Fünftens Videoportale: Die großen Privatsender verbreiten ihre Inhalte zunehmend über sendereigene Videoportale wie beispielsweise Clickfish von RTL oder MyVideo von ProSiebenSat.1 (Video-on-demand).

Sechstens Pay-TV: Die steigende Verbreitung von Pay-TV zieht Zuschauer vom Free-TV ab. RTL beispielsweise hat im digitalen Bezahlfernsehen mittlerweile Sender wie RTL Crime, RTL Living und "Passion" etabliert. ProSiebenSat1 setzt auf Sender wie Kabel 1 Classics, ProSieben Fun oder Sat.1 Emotions. Als vorbildlicher Pay-TV-Sender gilt Sky. [6], [7]

Siebtens Social TV: Fernsehen trifft Internet lautete das Thema auf der letztjährigen Internationalen Funkausstellung. Man könnte auch so sagen: man schaut Fernsehen und trifft sich im Internet. Die parallele Nutzung von Fernsehen und Internet ist heute für viele schon fast an der Tagesordnung und sie wird inzwischen auch von den Sendern bewusst gefördert. Im Internet sollen die Zuschauer aktiv werden, ihre Meinung abgeben, zusätzliche Infos über Themen, Kandidaten oder Jurymitglieder einholen, Statistiken verfolgen, ihren Favoriten zum Sieger klicken, verpasste Auftritte nachverfolgen und so weiter. Und wer bei alle der Vielfalt der medialen Kanäle und ihrer Angebotsflut nicht mehr weiß, wo er hinschauen soll, kann sich über neue Plattformen wie IntoNow, Tuned In oder Zapitano über die Interessen und Sehgewohnheiten seiner Freunde informieren und dadurch eigene Orientierung finden. Eine Studie der Digitalagentur Interone ergab, dass sich schon heute 19 Prozent der TV-Zuschauer während dem Fernsehen auf Facebook und Twitter aktiv austauschen. Das hat natürlich auch Auswirkungen auf die Werbung. (8)

Wie reagieren die Werbungtreibenden?

An der hohen Reichweite der Fernsehwerbung ist zumindest kurzfristig noch nicht zu rütteln. Mit einer großen Verschiebung der Werbebudgets weg von den etablierten Sendern hin zu den Nischenanbietern rechnen Mediaexperten daher noch nicht. Ohnehin bieten die Sender für ihre Nischen selbstverständlich buchbare Werbeblöcke an. Dennoch gilt es für die Werbeagenturen und deren Kunden den Trend zum Fernsehen via Internet nicht zu verschlafen. Auch IPTV wird nicht umhin kommen, sich durch Werbung oder Teleshopping im weiteren Sinne (Beratung, Gewinnspiele, Wetten, Lotto, Auktionen, Spiele, Dating etc.) zu finanzieren. (5)

Auf dem Aufmerksamkeitsradar dürfte auch HbbTV als digitaler Nachfolger des alten Videotextes stehen. Dieses digitale Angebot kann der internetaffine Zuschauer mit seiner TV-Fernbedienung nutzen. Essentiell ist dabei die rote Taste auf der

Fernbedienung, der Online-Rückkanal. Sie ist auch für die Werbungtreibenden wichtig, denn sie ermöglicht dem Fernsehzuschauer das gewünschte direkte Reagieren auf eine TV-Kampagne. Mit HbbTV eröffnen sich vielfältige Werbemöglichkeiten, werden doch via Einloggen auch persönliche Daten der Zuschauer erfasst. Bei einer HbbTV-Werbekampagen können die Zuschauer gezielt angesprochen werden, sie erhalten persönliche Kaufempfehlungen und maßgeschneiderte Angebote. (9)

Mediaexperten rechnen mittelfristig mit einer Verlagerung der Werbebudgets weg vom klassischen TV hin zu Digitalsendern und Onlinevideo. Sofern es den großen Fernsehsendern gelingt im eigenen Haus entsprechende zugkräftige Sparten- und Online-Angebote aufzubauen, könnte es ihnen auch gelingen, die Werbebudgets der Kunden im Haus zu halten. (5)

Etliche Werbekampagnen werden schon heute crossmedial angelegt. Der klassische TV-Spot bleibt das Zentrum der Werbekampagne und wird mit einer Online-Kampagne verknüpft. Das Publikum begegnet der Botschaft des Werbekunden mehrfach, nämlich im Fernsehen und zugleich im Internet (Social TV). Die Reichweite und das Markenerlebnis einer Werbekampagne erhöhen sich damit, die klassische TV-Werbung verstärkt sich durch die Social-TV-Werbung. Via Internet werden außerdem auch diejenigen erreicht, die dem klassischen Fernsehbildschirm den Rücken gekehrt haben (Digital Natives). Dort erreicht man Meinungsführer in sozialen Netzwerken und sogenannte Influencer, die eben kein klassisches TV mehr nutzen. Zudem erhält der Werbekunde hier oftmals direktes Feedback auf seine Werbung, denn der Nutzer ist aufgefordert, auf die Werbung interaktiv zu reagieren (gefällt mir). (1), (10), (11)

Darüber hinaus reagieren die Werbevermarkter der Fernsehsender bereits auf die zunehmende Anzahl der genutzten Bildschirme. Die Möglichkeiten der Internet-Interaktion zeitgleich während einer Fernsehsendung werden bewusst ausgeweitet und somit auch die Chancen auf das Absetzen von Werbung. Multiscreen-Nutzung wird immer öfter selbstverständlich integriert. So bietet beispielsweise ProSiebenSat.1 bereits eine Multiscreen-Playout-Lösung. Dabei kann der Werbekunde die Reichweite für seine Spots buchen und die Spots werden automatisch auf allen Devices ausgeliefert, egal ob Smart TV, PC, Smartphone oder Tablet. Beispiel: Die Fernsehzuschauer von "Deutschland sucht den Superstar" konnten einen von den Top-10-Kandidaten eingesungenen Song parallel zur Sendung exklusiv auf der Opel-Website downloaden. (12)

Die Zunahme von Werbung im Netz hat

Auswirkungen für die Werbevermarkter der Fernsehsender. RTL und ProSiebenSat.1 haben für ihre Konzerne das Ziel ausgegeben, in absehbarer Zeit rund 50 Prozent der Einnahmen unabhängig vom klassischen TV-Werbegeschäft zu erwirtschaften. Die Einnahmeverluste kompensieren sollen Pay-TV (z.B. HD+), eigene Produktionen für In- und Ausland sowie Diversifikationen, beispielsweise über Unternehmensbeteiligungen, eCommerce-Websites, soziale Netzwerke oder Browsergames. Auch sähen die Fernsehsender es gerne, wenn der regionalen TV-Werbung Tür und Tor geöffnet würde (z.B. Werbespots für lokale Möbelmärkte, Autohäuser etc.). (7)

Trends

Die Werbebranche stellt sich bereits auf den Digitalisierungstrend ein und erwartet für 2013, dass sich die Werbeausgaben weiter in den digitalen Bereich verschieben. TV wandert verstärkt ins Internet. Die Werbevermarkter vermarkten gezielt Reichweiten, die über eine digitale Display-Plattform für Laptop, Smartphone, Tablet, TV und digitale Out-of-Home-Medien erreicht werden wird. Andere sehen die Werbekanäle nach wie vor als zweitrangig an. Der Mensch, der die Werbung erlebt, muss für die beworbene Marke begeistert werden, das zählt in erster Linie. Wenn das gelingt, kann die Agentur auch Werbung verkaufen, unabhängig vom Werbemedium. Dies gilt nach Ansicht der Media Leaders - Deutschlands 40 wichtigster Entscheider aus Marketing, Agenturen und Vermarktung - auch für 2013. (13)

Fallbeispiele

Crossmediale Interaktion bei The Voice of Germany

Die Zuschauer konnten die Musikshow von Pro 7 und SAT 1 ab der ersten Staffel parallel auf TV, Smartphone, Tablet, PC oder Laptop erleben. The Voice of Germany Connect ergänzte das TV-Spektakel mit News zur Show in Echtzeit, Abstimmungen, Quizfragen und einem zusätzlichen Facebook-Login. Alfa Romeo MiTo war Sponsor und ließ TV- und Online-Werbung schalten. Ergebnis der Werbewirksamkeit: User, die mindestens jede zweite Folge der Show gesehen und zusätzlich Online-Kontakte hatten, erinnerten sich deutlich besser an die Werbung für die Dachmarke Alfa Romeo als die User, die Werbung nur in einem der Medienkanäle wahrgenommen hatten. (10)

Alfa Romeo Werbung über komplette Bildschirmpalette

Die Erfahrungen mit crossmedialer Interaktion bei der Castingshow X Factor auf Vox zeigten, dass die Maßnahmen die Reichweite und die Wirkung bei der Zielgruppe eindeutig erhöhten. Werbekunde war Alfa Romeo für sein Modell Giulietta; das Paket umfasste die komplette (Bildschirm-)Palette TV, Online, Mobile, Teletext und Licensing. Ergebnis der Werbewirksamkeit: Besonders stark wirkte der Auftritt von Alfa Romeo bei den X Factor -Fans, die das Format auch auf anderen Plattformen verfolgten. Über 70 Prozent der Nutzer erinnerten sich an die italienische Automarke, die mobil mit Sponsoring-Elementen, Bewegtbildwerbung und Sonderwerbeformen präsent war. (11)

"Pick-up" setzt auf TV und Social Media

Aktuell wirbt Schauspieler Matthias Schweighöfer für seinen neuen Film und für den Leibniz-Keks Pick-up in einem neuen TV-Spot auf den Sendern Pro Sieben, Sat 1, Kabel 1, RTL, RTL 2, Vox und Viva. Parallel gibt es auf der Facebook-Seite von Pick up ein

Gewinnspiel mit Preisen rund um den Film. (14)

Mediakraft Networks setzt auf Spartensender

Die Mediakraft Networks GmbH ist nach eigenen Aussagen Deutschlands größter TV-Sender im Internet. Zu den Formaten gehören die erfolgreichen deutschsprachigen Online-Kanäle Daaruum und Y-Titty. Mit ihren Shows erreicht Mediakraft über Portale wie Clipfish, SnackTV oder YouTube inzwischen mehr als 8,5 Millionen Unique Viewers. Aktuell lancierte Mediakraft spezielle, zielgruppenorientierte Spartensender. Hinter dem Namen Magnolia verbirgt sich ein Frauenkanal mit Formaten rund um Fashion, Beauty und Lifestyle. Männer zwischen 14 und 34 sollen über den Sender Hometown mit Schwerpunkt "Urban Culture" angesprochen werden und durch den neuen Sender Athletia soll ein Sportnetzwerk aufgebaut werden. Durch die eigene Vermarktungsfirma Produktkraft, versucht Mediakraft Werbekunden gezielt anzusprechen. (16)

IPTV mit Telekom Entertain

Entertain ist ein Produkt der Deutschen Telekom. Es

bietet Telefonieren, Internetzugang und digitales Fernsehen (IPTV). Der zahlende Kunde kann unterschiedliche Tarife auswählen (Entertain Sat, Comfort, Premium). Die zuständige Agentur Interactive Media will die lineare TV-Werbung in eine IP-basierte, digitale Werbewelt überführen, die für Werbungtreibende analysierbar ist. Das App-Portal von Entertain verfügt aktuell über 25 Apps, fünf davon werden momentan vermarktet. (9)

Sky und Telekom kooperieren

Zur Bundesliga Saison 2013/14 wird die Deutsche Telekom für seine Entertain-IPTV-Kunden zum ersten Mal die Programm-Pakete von Sky Deutschland einspeisen. Die beiden Unternehmen haben eine umfangreiche Kooperation vereinbart, die bis Mitte 2017 läuft. (15)

Werbung mit HbbTV

20th Century Fox machte Werbung für seinen Kinofilm "Prometheus - Dunkle Zeichen" mit einer exklusiven Kampagne im HbbTV-Angebot von Pro Sieben, die vom Vermarkter Sevenone Media entwickelt wurde. Während der TV-Spots konnten die Zuschauer über die rote Farbtaste der

Fernbedienung direkt auf eine Microsite mit Hintergrundinformationen, exklusive Screenshots und den offiziellen Trailer zum Film zugreifen. Im Gewinnspiel konnten sie eine private Filmvorführung für sich und 50 Freunde gewinnen. Neben den interaktiven TV-Spots warb das Filmstudio auch im HbbTV-Angebot von Pro Sieben. Dazu wurden großflächige Sonderwerbeformen und Pre-Rolls im Videocenter von Pro Sieben platziert. (9)

Zahlen & Fakten

Fernsehen wichtigste Medienart

Fast zehn Stunden am Tag beschäftigten sich die Deutschen mit Fernsehen, Internet, Radio, Spielen oder Print.
- TV: Mit durchschnittlich 205 Minuten bei den 14- bis 49-Jährigen entfällt mehr als ein Drittel der Nutzungszeit auf TV.
- Radio: An zweiter Stelle rangiert Radio mit 149 Minuten.
- Internet: Internet holt mit 107 Minuten immer mehr auf. 2002 lag die tägliche Nutzung erst bei 30 Minuten.
- Videogames: Auf sie entfallen mittlerweile 29

Minuten - doppelt so viel wie 2002.
- Print: Die Printmedien verlieren massiv. Zeitschriften werden nur noch 8 Minuten am Tag genutzt (2002: 17 Minuten). Zeitungen verlieren 20 Prozent und werden noch 19 Minuten täglich gelesen. (1)

TV-Werbemarkt wächst zwar, aber geringer als Online-Werbung

Laut Nielsen-Marktforschung haben Unternehmen in Deutschland in den ersten elf Monaten des Jahres 2012 insgesamt 23,6 Milliarden Euro in Werbung investiert. Rund zehn Milliarden Euro strichen dabei die TV-Sender ein. Auf Internetwerbung entfielen hingegen knapp 2,6 Milliarden Euro. Für den deutschen TV-Werbemarkt rechnen die Marktforscher von Warc Entertainment für 2013 mit einem Wachstum von 2,2 Prozent. Die Experten von ZenitOptimedia hingegen gehen lediglich von 1,9 Prozent Wachstum aus. Die Berater von PricewaterhouseCoopers legen ihrem "Global Entertainment and Media Outlook" für 2013 nur noch 1,2 Prozent Wachstum zugrunde. Die Online-Werbung hat zwar einen viel geringeren Marktanteil, doch ihr Wachstum ist eindeutig besser. Laut Nielsen stiegen die Umsätze für Online-Werbung im vergangenen Jahr um 17 Prozent. (7)

Weiterführende Literatur

(1) Screen-Medien legen zu
aus Horizont 1-2 vom 10.01.2013 Seite 019

(2) TV & Hörfunk 2016
aus "a3-boom" Nr. 11-12/2012 vom 13.12.2012 Seite: 79

(3) Sofa-Software
aus c't - Magazin für Computertechnik, 02/2013, S. 92

(4) Bitkom diskutiert das nichtlineare Fernsehen der Zukunft
aus VDI NR. 47 VOM 23.11.2012 SEITE 7

(5) Digitalisierung nagt an Sendern
aus Horizont 47 vom 22.11.2012 Seite 017

(6) TV-MARKTANTEILE 2012: ZDF stößt RTL vom Thron
aus kress.de vom 01.01.2013

(7) Duell ums Digitale
aus manager-magazin.de vom 17.12.2012

(8) Fernsehwerbung mit Interaktion
aus werben & verkaufen Nr. 38 vom 20.09.2012, S. 67

(9) Werben auf dem Big Screen

aus acquisa, Vol. 56, Heft 11/2012, S. 48-49

(10) Fernsehspots werden interaktiv und viral
aus werben & verkaufen Nr. 38 vom 20.09.2012, S. 68 - 70

(11) Das Lagerfeuer wird digital
aus werben & verkaufen Nr. 39 vom 27.09.2012, S. B16 - B19

(12) SEVENONE MEDIA "Die Vorhersagen sind günstig"
aus kressreport vom 11.01.2013, Nr. 1, S. 20

(13) Die Prognosen der Media Leaders 2013
aus werben & verkaufen Nr. 02 vom 07.01.2013, S. 52 - 57

(14) "Großes Kino": Matthias Schweighöfer rastet für Pick Up aus
aus horizont.net vom 04.01.2013

(15) ENTERTAIN-KUNDEN KÖNNEN WEITER BUNDESLIGA GUCKEN: Sky und Telekom sind jetzt ganz dick
aus kress.de vom 04.01.2013

(16) Spartensender fürs Netz
aus Der Kontakter Nr. 04 vom 24.01.2013, S. 16

Impressum

Fernsehen trifft Internet - Was bedeutet das für die Werbungtreibenden?

Bibliografische Information der deutschen Nationalbibliothek

Die Deutsche Nationalbibliothek verzeichnet diese Publikation in der deutschen Nationalbibliografie; detaillierte bibliografische Daten sind im Internet über http://dnb.d-nb.de abrufbar.

ISBN: 978-3-7379-2568-6

© 2015 GBI-Genios Deutsche Wirtschaftsdatenbank GmbH, Freischützstraße 96, 81927 München, www.genios.de

Alle Rechte vorbehalten. Dieses Werk ist einschließlich aller seiner Teile – z.B. Texte, Tabellen und Grafiken - urheberrechtlich geschützt. Jede Verwertung außerhalb der Grenzen des Urheberrechtsgesetzes bedarf der vorherigen Zustimmung des Verlags. Dies gilt insbesondere auch für auszugsweise Nachdrucke, fotomechanische

Vervielfältigungen (Fotokopie/Mikroskopie), Übersetzungen, Auswertungen durch Datenbanken oder ähnliche Einrichtungen und die Einspeicherung und Verarbeitung in elektronischen Systemen.